ETHNO-FOOD

CAJUN

STEAMER
NATCHEZ
PORT OF NEW ORLEANS
NATCHEZ.

ETHNO-FOOD

CAJUN

Vorwort von

Ruby Le Bois

Im FALKEN Verlag sind zahlreiche Titel zum Thema „Essen und Trinken" erschienen.
Bitte fragen Sie überall dort, wo es Bücher gibt.

Sie finden uns im Internet: http://www.falken.de

Dieses Buch wurde auf chlorfrei gebleichtem und säurefreiem Papier gedruckt.

Der Text dieses Buches entspricht den Regeln der neuen deutschen Rechtschreibung.

ISBN 3 8068 7457 3

Umschlaggestaltung: Peter Udo Pinzer
Redaktion: Tanja Schindler (FALKEN Verlag) und red.sign, Stuttgart
Herstellung: Ulrich Klein (FALKEN Verlag) und red.sign, Stuttgart
Layout: Nigel Partridge
Illustration: Madeleine David
Fotos und Styling: Edward Allwright, Steve Baxter, James Duncan und Amanda Heywood
Foodstyling: Hilary Guy und Blake Minton
Food: Jane Hartshorn, Elizabeth Wolf-Cohen und Wendy Lee
Umschlagfoto: Thomas Odulate
Produktion: red.sign, Stuttgart

Satz: red.sign, Stuttgart
Gesamtkonzeption: FALKEN Verlag, D-65527 Niedernhausen/Ts.

817 2635 4453 6271

INHALT

EINFÜHRUNG

VORWORT

Ganz gleich, zu welcher Jahreszeit Sie New Orleans besuchen, Sie werden sofort begeistert sein – besonders zur Zeit des Mardi Gras. Denn New Orleans ist nicht nur eine Stadt, die niemals schläft, man kann sogar sagen, dass sie unentwegt pulsiert. Aus offenen Eingängen dringt Jazzmusik hinaus auf die Straße, sie entschwebt den Pianobars, es ist, als würde man sie mit der Atemluft einsaugen. Und überall dort, wo Musik erklingt, gibt es auch Essen. Wunderbares, grandioses Essen. Farbenprächtig, oft feurig, aber immer geschmackvoll – die Cajun-Küche ist einfach einzigartig.

Paprika, Sellerie und Zwiebeln sind außerordentlich beliebt. Sie werden in vielfältigsten Kombinationen so oft verwendet, dass man sie auch als die „Heilige Dreieinigkeit" der Cajun-Küche bezeichnet. Aber was diese Küche so einzigartig macht, ist die spezielle Art zu würzen. Cayenne-, schwarzer und weißer Pfeffer sowie Paprikapulver sind bevorzugte Ingredienzen jedes Kochs und es gibt kaum eine Familie, die darüber hinaus nicht ihre eigene Gewürzmischung kreiert hat.

Mit dem Mississippi-Delta vor der Tür kann es nicht überraschen, dass Meeresfrüchte einen besonderen Stellenwert besitzen. Rote Umberfische, Welse, Krebse, Snapper und Seebarsche kommen direkt aus den Küstengewässern; die kleinen Seitenarme des Mississippi wiederum versorgen die Stadt mit Süßwasserfischen und Flusskrebsen. Louisiana ist außerdem berühmt für seine Austern, die vor allem im Frühjahr, wenn gewaltige Wassermengen durch das Bett des Mississippi strömen, besonders süß und fleischig sind. Als die ersten Siedler sich in diesem Gebiet niederließen, fanden sie zahlreiches Wild für ihre Kochtöpfe. Geschmortes Kaninchen mit einer würzigen Zwiebel- und Selleriesauce ist noch immer ein populäres Gericht. Kleinere Wildvögel wie z. B. Wachteln werden heute gezüchtet, genauso wie Enten und Hühner. Die Louisianer essen besonders gern Schweinefleisch, das schon mit den ersten Siedlern aus Nordamerika den Weg nach Louisiana fand.

Die Cajuns mögen Gemüse, vor allem Mais, Süßkartoffeln und Pastinaken. Tomaten, die die Spanier ins Land brachten, werden ebenfalls oft verwendet, genauso wie die Okra – eine Frucht, die von westafrikanischen Sklaven mitgebracht wurde, die auf den Baumwollplantagen arbeiteten.

Zu den süßen Leckereien gehören der Pekannusskuchen und die bekannte Pekannusstorte, deren Rezepte in diesem Band enthalten sind.

Dieses Buch ist mehr als nur ein Kochbuch: Es ist eine Einladung zu einem Festmahl, das alle Geschmackssinne anregt. Die Cajun-Küche ist eine der faszinierendsten Küchen der Welt – genießen Sie sie!

RUBY LE BOIS

EINFÜHRUNG

Genau wie ihre hoch entwickelte Verwandte, die kreolische Küche, ist die Cajun-Küche vor allem französisch geprägt – angereichert mit spanischen, afrikanischen und lokalen amerikanischen Einflüssen. Aber im Gegensatz zur kreolischen Küche, die bei den reichen französischen Baumwollplantagen-Besitzern entstand und in den Restaurants, die diese besuchten, verfeinert wurde, entwickelte sich die Cajun-Küche im bäuerlichen Umfeld, innerhalb einer unerschrockenen und unternehmungslustigen Gruppe von Farmern und Fischern, deren Ankuft in Louisiana eher das Ergebnis eines Unglücks als eines Abenteuers war.

Gemeint sind die Akadier, französische Männer und Frauen, die sich 1620 in Akadia, dem heutigen Nova Scotia, niedergelassen hatten, aber 1713 von den Briten wieder von dort vertrieben wurden. Sie flohen nach Süden, wo sich viele im so genannten „französischen Dreieck" von Südwestlouisiana niederließen – einem Ort, der ebenso heiß und feucht wie Kanada kalt und frisch ist. Die anpassungsfähigen Akadier nahmen ihre neue Heimat mit Begeisterung an. Dazu gehörte auch, dass sie die Rezepte ihrer Vorfahren so veränderten, dass sie das örtliche Wild und die Tiere des Meeres in ihren Speiseplan aufnehmen konnten. Von den amerikanischen Ureinwohnern lernten sie, wilde Kräuter und Beeren zu sammeln und wie man eine Mischung aus gemahlenem Sassafras und Thymian als Bindemittel für Saucen verwenden kann.

Westafrikanische Köche, die als Sklaven auf den Baumwollplantagen arbeiteten, machten sie mit geheimnisvollen Pflanzen bekannt, wie der Okra, die sie *n'gombo* nannten. Der Name existiert noch heute als *gumbo*, was einen Eintopf aus Meeresfrüchten, Fleisch, Geflügel oder Gemüse bezeichnet.

In der zweiten Hälfte des 18. Jahrhunderts wurde New Orleans von Spaniern regiert und neue Zutaten und Kochstile entwickelten sich. Die Akadier, die inzwischen als Cajuns bezeichnet wurden, nahmen diese in ihr Repertoire auf. Sie lernten die Paella zu schätzen (ein Gericht wie geschaffen für diesen Teil der Welt mit seinem Überfluss an Reis und Meeresfrüchten), adaptierten sie in ihrer unnachahmlichen Weise und gaben ihr einen neuen Namen, *Jambalaya*, in Würdigung des Schinkens (franz.: *jambon*), der fast immer enthalten war.

Viele traditionelle bäuerliche französische Gerichte lebten in der Region fort. Derweil erstürmten die Köche der Cajuns neue Höhen. Sie entdeckten die verschiedenen Paprikasorten in ihrer reichen und erstaunlichen Vielfalt. Frische Chilischoten, Çayennepfeffer, Paprikapulver, schwarzer und weißer Pfeffer – alles wurde ausprobiert und dann in eine sich ständig verbessernde Küche integriert. Sie bedienten sich auch bei der kreolischen Küche und die Grenzen zwischen den beiden kulinarischen Stilen begannen zu verwischen.

Zwei Straßenszenen in New Orleans: eine Straßenansicht im French Quarter (oben) und eine Abendszene in der weltbekannten Bourbon Street (links).

Heute hat auch die Cajun-Küche, obwohl weiterhin robuster als ihr „verstädtertes" kreolisches Gegenstück, ihre feinere Seite. Bisques, Brochettes und federleichte Beignets existieren unbeschwert neben *blackened fish* und gebackenen Süßkartoffeln. Der Roux, die Mehlschwitze, dieses bekannte französische Binde- und Würzmittel, ist in beiden Küchen verbreitet. Öl oder Butter wird in einer schwarzen Eisenpfanne mit Mehl erhitzt und verrührt. Diese Mischung lässt man dunkel werden – je nach Rezept variiert die Farbintensität. Der Roux ist so grundlegend für beide Küchen, dass viele Köche die unterschiedlichen Mischungen gleich in großen Mengen vorbereiten.

1803 wurde New Orleans ein Teil der Vereinigten Staaten. Dank des kosmopolitischen Klimas zogen die Stadt und ihre Umgebung auch weiter Einwanderer aus der ganzen Welt an. Sie alle brachten ihre Lieblingsrezepte mit, sie alle bereicherten die Cajun-Küche – und wurden von ihr bereichert.

Dieser wunderbare Austausch setzt sich bis heute fort. Die Cajuns lieben es, mit neuen Ideen und Zutaten zu experimentieren, und erwarten dasselbe von all jenen, die ihre Rezepte ausprobieren. Falls Sie also Probleme haben sollten, eine der in diesem Buch erwähnten Zutaten zu finden, machen Sie es wie die frühen Akadier: Variieren Sie und passen Sie an.

FRITTIERTE PASTINAKEN AUF JUNGEM SPINAT

Frittierte Gerichte sind eine spezielle Vorliebe der Köche der Cajuns. Durch das Frittieren kommt die köstliche Süße von Pastinaken besonders zur Geltung. Hier werden sie auf einem mit Walnüssen verfeinerten Salat aus zarten jungen Spinatblättern angerichtet.

ZUTATEN

2 große Pastinaken
120 g Mehl
1 frisches Ei, getrennt
120 ml Milch
120 g Blätter junger Spinat
2 EL Olivenöl
1 EL Walnussöl
1 EL Sherryessig
Öl zum Frittieren
1 EL grob gehackte Walnüsse
Salz, frisch gemahlener schwarzer Pfeffer und Cayennepfeffer

FÜR 4 PERSONEN

1 Die Pastinaken schälen und in einem Topf mit Salzwasser aufkochen, 10–15 Minuten köcheln lassen, bis sie zart, aber nicht breiig sind. Abtropfen und abkühlen lassen, dann diagonal in etwa 5 x 1 cm große Stücke schneiden.

2 Das Mehl in eine Schüssel geben, in die Mitte eine Vertiefung drücken und das Eigelb hineingeben. Das Eigelb mit einer Gabel allmählich mit dem Mehl (rund um die Vertiefung) vermischen. Nach und nach die Milch zugeben, dabei weiter alles vermengen. Mit Salz, Pfeffer und Cayennepfeffer abschmecken und mit dem Schneebesen schlagen, bis der Teig glatt ist.

3 Den Spinat putzen, waschen und gut trockentupfen. Die Blätter in eine Schüssel geben. Für die Salatsauce in einem verschließbaren Gefäß das Oliven- und das Walnussöl, den Essig sowie Salz und Pfeffer mischen. Das Gefäß schließen und zum Vermengen der Zutaten kräftig schütteln.

4 Kurz vor dem Servieren das Eiweiß steif schlagen. Einen Teil des Backteigs unterheben, diese Masse dann unter den restlichen Backteig ziehen. Das Öl zum Frittieren erhitzen.

5 Den Spinat zur Salatsauce geben, mischen und dann auf 4 Salatplatten verteilen. Die gehackten Walnüsse darauf streuen.

6 Die Pastinaken in den Teig tauchen und mehrere zugleich frittieren, bis sie goldbraun sind. Auf Küchenkrepp abtupfen und warm stellen. Zum Servieren die Stücke auf dem Salat anrichten.

MAISKÜCHLEIN MIT GEGRILLTEN TOMATEN

Wenn man in Eile ist, kann man für diese Spezialität abgetropften Gemüsemais aus der Dose statt des frischen Maiskolbens verwenden.

Zutaten

1 großer Maiskolben
75 g Mehl
1 frisches Ei
etwas Milch
2 große feste Tomaten
1 Knoblauchzehe, durchgepresst
1 TL getrockneter Oregano
2–3 EL Speiseöl
Öl zum Ausbacken
8 große Eissalatblätter
Salz und frisch gemahlener schwarzer Pfeffer
gehackte frische Basilikumblätter zum Garnieren

Für 4 Personen

1 Die Hüllblätter und die Fasern des Maiskolbens entfernen, den Kolben senkrecht halten und mit einem Messer nach unten schneiden, um die Maiskörner zu lösen. Die Körner in einen Topf mit kochendem Wasser geben und 3 Minuten kochen lassen. In einem Sieb abtropfen lassen und unter kaltem Wasser abspülen, damit die Körner schnell abkühlen.

2 Mehl in eine Schüssel geben, in die Mitte eine Vertiefung drücken und das Ei hineingeben. Das Eigelb mit einer Gabel allmählich mit dem Mehl (rund um die Vertiefung) vermischen. Milch zugeben, bis eine leicht flüssige Konsistenz entsteht. Den Mais zufügen und abschmecken.

3 Den Grill vorheizen. Die Tomaten halbieren und im Zickzackmuster 2 oder 3 Linien auf den Schnittflächen einritzen. Den Knoblauch mit dem Oregano, dem Salz und dem Pfeffer auf den Schnittflächen verstreichen, mit Öl beträufeln und grillen, bis die Tomaten leicht gebräunt sind.

4 Inzwischen etwas Öl in einer tiefen Pfanne erhitzen und einen gehäuften EL der Maismasse in die Mitte geben. Immer ein Küchlein nach dem anderen bei geringer Hitze backen; wenden, sobald die Oberfläche fertig ist. Mit Küchenkrepp abtupfen und warm stellen, bis alle Küchlein fertig sind. Die Masse sollte für mindestens 8 Küchlein ausreichen.

5 Auf 4 Tellern je 2 Salatblätter arrangieren, 2 Maisküchlein darauf legen, diese mit dem Basilikum garnieren und alles mit einer gegrillten Tomatenhälfte servieren.

KREBSE „BAYOU"

Sie sollten für dieses Gericht keinesfalls Krebsfleisch aus der Dose verwenden – das Ergebnis wäre enttäuschend. Frisches Krebsfleisch ist inzwischen in vielen Feinkostläden erhältlich.

ZUTATEN

450 g frisches Krebsfleisch
3 hart gekochte frische Eigelb
1 TL Dijon-Senf
6 EL Butter oder Margarine (Raumtemperatur)
¼ TL Cayennepfeffer
3 EL Sherry
2 EL gehackte frische Petersilie
120 ml Sahne
40 g in dünne Scheiben geschnittene Frühlingszwiebel, mit einem Teil des Grüns
50 g getrocknete Brotkrumen
Salz und frisch gemahlener schwarzer Pfeffer

FÜR 6 PERSONEN

1 Den Ofen auf 180 °C/Gas Stufe 4 vorheizen. Das Krebsfleisch von Schalenresten und Knorpeln befreien, dabei die Fleischstückchen so groß wie möglich belassen.

2 In einer Schale die Eigelbe mit einer Gabel zerkrümeln. Den Senf, 4 EL der Butter bzw. Margarine und den Cayennepfeffer hinzugeben. Alles zu einer Paste verrühren.

3 Den Sherry und die Petersilie unterrühren, dann die Schlagsahne, die Zwiebeln und schließlich das Krebsfleisch. Salzen und pfeffern.

4 Die Masse gleichmäßig auf 6 ofenfeste und eingefettete Schalen oder Backformen verteilen. Die restliche Butter oder Margarine in Flocken und die Brotkrumen darauf streuen.

5 Etwa 20 Minuten backen, bis alles leicht köchelt und sich goldbraun färbt.

MAIS-UND-KREBS-BISQUE

Eine klassisches Rezept aus Louisiana, das ohne Zweifel auch passend für ein gepflegtes Abendessen ist und den Aufwand für die Zubereitung des Gerichts durchaus rechtfertigt.

ZUTATEN

4 große Maiskolben
2 Lorbeerblätter
1 gekochter Taschenkrebs, etwa 1 kg
2 EL Butter
2 EL Mehl
300 ml Sahne
6 Frühlingszwiebeln, gehackt
Salz, frisch gemahlener schwarzer und weißer Pfeffer sowie Cayennepfeffer
warme Baguettes (optional)

FÜR 8 PERSONEN

1 Die Hüllblätter und die Fasern des Maiskolbens entfernen, den Kolben senkrecht halten und mit einem Messer nach unten schneiden, um die Maiskörner zu lösen. Die Körner beiseite stellen.

2 Die kernlosen Maiskolben, die Lorbeerblätter und 2 TL Salz in einen großen Topf mit etwa 2,5 l kaltem Wasser geben. Aufkochen und köcheln lassen, bis die Kolben zart sind.

3 Inzwischen die beiden Mandibeln zwischen den großen Scheren des Krebses entfernen. Den Krebs „auf den Kopf stellen" und mit dem Handballen kräftig auf den Hinterleib schlagen. Nun die obere Schale abnehmen und beiseite legen.

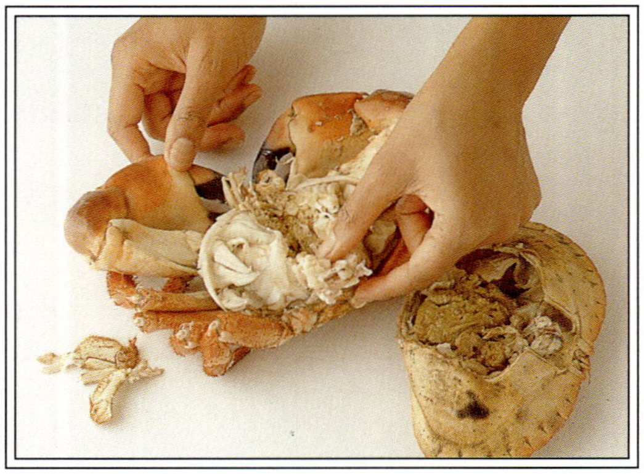

4 Das Maul und die Verdauungsorgane direkt dahinter entfernen und wegwerfen. Die Kiemen ebenfalls entfernen und wegwerfen. Das halbflüssige, braune Fleisch herauskratzen und beiseite stellen.

5 Die Scheren aufbrechen, das weiße Fleisch herauslösen. Das weiße Fleisch aus dem Körper lösen. Die Beine und die anderen Schalenteile in den Topf mit den Maiskolben geben. 15 Minuten köcheln lassen. Die Flüssigkeit in einen anderen Topf durchsieben und bei großer Hitze kochen, um die Menge auf 2 l zu reduzieren.

6 Inzwischen in einer kleinen Pfanne die Butter zerlassen, das Mehl zufügen und bei schwacher Hitze ständig rühren, bis der Roux dunkelcremefarben ist. Vom Herd nehmen und etwa 250 ml der Brühe einrühren. Zurück auf den Herd stellen, rühren, bis alles eingedickt ist, und in den Topf mit der Brühe einrühren. Den Mais zugeben, wieder aufkochen und 5 Minuten köcheln lassen.

7 Krebsfleisch, Sahne und Frühlingszwiebeln zufügen und mit Salz, schwarzem Pfeffer und Cayennepfeffer abschmecken. Wieder aufkochen und 2 Minuten köcheln lassen. Sofort servieren, evtl. mit warmen Baguettes.

„KRABBENPOPCORN“ MIT BASILIKUMMAYONNAISE

Knusprig ausgebackene Meeresfrüchte werden mit einer reichhaltigen, würzigen Mayonnaise als Dip serviert – ein ideales Gericht für eine zwanglose Abendgesellschaft.

Zutaten

Für das Krabbenpopcorn

900 g rohe Flusskrebsschwänze, geschält, oder kleine Garnelen, geschält, die Darmfäden jeweils entfernt
2 frische Eier
250 ml trockener Weißwein
50 g feines Maismehl
50 g Mehl
1 EL frischer zerkleinerter Schnittlauch
1 Knoblauchzehe, gehackt
1/2 TL frischer Thymian
1/4 TL Salz
1/4 TL gemahlener schwarzer Pfeffer
1/4 TL Cayennepfeffer
Speiseöl zum Frittieren

Für die Mayonnaise

1 frisches Eigelb
2 TL Dijon-Senf
1 EL Weißweinessig
250 ml Oliven- oder Pflanzenöl
15 g Basilikum, gehackt
Salz und frisch gemahlener schwarzer Pfeffer

Für 8 Personen

1 Die Flusskrebsschwänze oder die Garnelen mit kaltem Wasser abspülen. Gut abtropfen lassen und kühl stellen.

2 Mit einer Gabel die Eier und den Weißwein in einer kleinen Schüssel verrühren und dann kühl stellen.

3 In einer Schüssel Mehl, Schnittlauch, Knoblauch, Thymian, Salz, Pfeffer und Cayennepfeffer miteinander vermengen. Nach und nach die Eimischung zufügen, alles gut verrühren. Den Teig zudecken und für etwa 1 Stunde bei Zimmertemperatur beiseite stellen.

4 Für die Mayonnaise Eigelb, Senf und Essig in einer Schüssel vermischen. Salzen und Pfeffern. Das Öl in einem dünnen Strahl zufügen und dabei alles kräftig mit einem Schneebesen verrühren. Wenn die Mischung dick und glatt ist, das Basilikum unterrühren. Zudecken und kühlen.

5 Eine Fritteuse 5–7,5 cm hoch mit Öl füllen und dieses auf 190 °C erhitzen. Die Meeresfrüchte im Teig wenden und immer mehrere gleichzeitig jeweils 2–3 Minuten goldbraun frittieren. Das fertige „Popcorn“ mit einem Seihlöffel herausnehmen, mit Küchenkrepp abtupfen. Heiß mit der Mayonnaise servieren.

MAIS-GARNELEN-BISQUE

Diese cremige Suppe ist sehr sättigend, deshalb sollte man einen leichten Hauptgang folgen lassen, wenn man sie als Vorspeise bei einem Mittag- oder Abendessen serviert.

ZUTATEN

2 EL Olivenöl
1 Zwiebel, gehackt
4 EL Butter oder Margarine
25 g Mehl
750 ml Fisch-, Muschel- oder Hühnerbrühe
250 ml Milch
120 g geschälte und gekochte kleine Garnelen, den Darmfaden entfernt
250 g Gemüsemais, frisch, gefroren oder aus der Dose
½ TL frischer Dill oder Thymian, gehackt
120 ml Sahne
Salz und Chilisauce
Frischer Dill und Garnelen zum Garnieren

FÜR 4 PERSONEN

1 Das Öl in einem großen Topf erhitzen. Die Zwiebel hineingeben und bei schwacher Hitze 8–10 Minuten braten, bis die Zwiebelstücke glasig sind.

2 Inzwischen die Butter oder Margarine in einem Topf zerlassen. Das Mehl zufügen und mit dem Schneebesen glatt schlagen. 1–2 Minuten köcheln lassen. Die Brühe und die Milch zufügen und alles gut vermengen. Bei mittlerer Hitze zum Kochen bringen und 5–8 Minuten kochen, dabei oft umrühren.

3 Jede Garnele halbieren und zusammen mit dem Mais, dem Dill oder dem Thymian zu der Zwiebel geben. 2–3 Minuten schmoren, ab und zu umrühren. Den Topf vom Herd nehmen.

4 Die Saucenmischung zu der Garnelen-Mais-Mischung geben und gut verrühren. Etwa 750 ml der Suppe herausnehmen und mit einem Mixer oder der Küchenmaschine zu einem Püree verarbeiten. Alles wieder zum Rest der Suppe geben und gut verrühren. Dann mit Salz und Chilisauce würzen.

5 Die Sahne hinzufügen und unterrühren. Die Suppe unter Rühren fast bis zum Siedepunkt erhitzen. Heiß servieren, mit dem Dill und Garnelen garniert.

GUMBO MIT KRÄUTERN

Traditionell am Ende der Fastenzeit serviert, ist dies ein süßlich gewürztes und belebendes Gericht

ZUTATEN

350 g roher geräucherter Vorderschinken
2 EL Speiseöl
1 große Gemüsezwiebel, grob gehackt
2–3 Knoblauchzehen, durchgepresst
je 1 TL getrockneter Oregano und Thymian
2 Lorbeerblätter
2 Gewürznelken
2 Selleriestangen, in Scheiben geschnitten
1 grüne Paprika, entkernt und gehackt
½ Grünkohl, der Strunk entfernt und fein zerkleinert
2 l schwach konzentrierte Brühe
200 g Frühlingsgemüse oder Krauskohl, fein zerkleinert
200 g Chinesischer Senfkohl, fein zerkleinert
200 g Spinat, zerkleinert
1 Büschel Brunnenkresse, zerkleinert
6 Frühlingszwiebeln, fein zerkleinert
25 g frische gehackte Petersilie
½ TL gemahlenes Piment
1 TL geriebene Muskatnuss
Salz und frisch gemahlener schwarzer Pfeffer sowie Cayennepfeffer
warme Baguettes oder Knoblauchbrot als Beilage

FÜR 6–8 PERSONEN

1 Die Rinde und das Fett des Vorderschinkens in einem Stück entfernen und aufbewahren. Den Schinken fein würfeln. Das Fettstück mit dem Öl in einen Topf geben und erhitzen, bis es brutzelt. Den Schinken, die Zwiebel, den Knoblauch, den Oregano und den Thymian einrühren. Bei mittlerer Hitze etwa 5 Minuten weiterrühren.

2 Die Lorbeerblätter, die Gewürznelken, den Sellerie und die Paprika hinzufügen und weitere 2–3 Minuten rühren, dann den Kohl und die Brühe zugeben. Das Ganze aufkochen und etwa 5 Minuten köcheln lassen.

3 Das Frühlingsgemüse bzw. den Krauskohl und den Chinesischen Senfkohl hinzufügen, weitere 2 Minuten kochen lassen. Den Spinat, die Brunnenkresse und die Frühlingszwiebeln zugeben. Die Hitze reduzieren und alles 1 Minute kochen lassen, nachdem es wieder aufgekocht ist. Die Petersilie, das Piment und die Muskatnuss zugeben. Mit Salz, schwarzem Pfeffer und Cayennepfeffer würzen.

4 Das Fettstück und die Gewürznelken herausnehmen. Den Gumbo sofort mit warmen Baguettes bzw. Knoblauchbrot servieren.

KÜCHENTIPP

Chinesischen Senfkohl kann man in Orientläden, aber auch in manchen Supermärkten kaufen. Wenn er nicht erhältlich ist, kann man ihn aber auch durch gewöhnliche Kohlrabiblätter ersetzen.

FROMAJARDIS

Diese mit Käse gefüllten Teigtaschen sind besonders gut als Partysnacks geeignet. Eine Mischung aus Thymian, Schnittlauch und Salbei ergibt eine köstliche Füllung.

ZUTATEN

FÜR DEN TEIG

225 g Mehl
¼ TL geriebene Muskatnuss
½ TL Salz
100 g kalte Butter
6–8 EL Eiswasser

FÜR DIE FÜLLUNG

2 frische Eier
120 g geriebener Cheddarkäse
Chilisauce
1 EL gehackte frische Kräuter

ERGIBT ETWA 40 STÜCK

1 Für den Teig Mehl, Muskatnuss und Salz in eine Schüssel sieben. Mit den Knethaken des Handmixers oder zwei Messern die Butter sehr schnell in die anderen Zutaten hineinarbeiten, bis der Teig grob krümelig ist.

2 Etwa 6 EL des Eiswassers über die Mehlmischung träufeln. Mit einer Gabel den Teig zusammendrücken, bis er zusammenhält. Wenn der Teig noch zu krümelig ist, mehr Wasser zufügen, je etwa 1 EL. Dann einen Teigkloß formen.

3 Den Teig in der Mitte teilen und die Hälften flach klopfen. Jede Portion in Pergamentpapier einwickeln; 20 Minuten kalt stellen.

4 Den Backofen auf 220 °C/Gas Stufe 7 vorheizen. Für die Füllung die Eier in eine Schüssel geben und gut verquirlen. Den Käse zufügen, mit der Chilisauce würzen und die Kräuter zugeben.

5 Den Teig auf einer leicht bemehlten Oberfläche etwa 3 mm dick ausrollen. Mit einem Teigrädchen oder mit einem Trinkglas Kreise von etwa 7,5 cm Ø ausschneiden.

6 Jeweils etwa 1 TL Füllung auf die Mitte jedes Kreises geben. Diese zusammenfalten, sodass kleine Halbmonde entstehen, und die Kanten mit den Zinken der Gabel zusammendrücken. Ewas Füllung kann dabei nach außen gelangen.

7 Mit einem scharfen Messer einige kleine Kerben in die Oberfläche der Teigtaschen schneiden. Auf ein nicht eingefettetes Backblech legen und 18–20 Minuten backen, bis die Teigtaschen dunkel werden. Testweise eine aufschneiden. Sie muss ganz durchgebacken sein. Warm servieren.

KÜCHENTIPP

Fromajardis können im Voraus fertig gestellt werden. Dann lässt man sie auf einem Gitter abkühlen und bewahrt sie in einem luftdichten Behälter auf. Kurz vor dem Servieren die Teigtaschen 5–10 Minuten lang im auf 190 °C/Gas Stufe 5 vorgeheizten Ofen aufwärmen.

PANIERTER FISCH MIT REMOULADENSAUCE UND MAISMEHLKRAPFEN

Die schmackhaften Maismehlkrapfen passen auch sehr gut zu anderen Gerichten.

ZUTATEN

FÜR DIE KRAPFEN

120 g Maismehl

50 g Mehl

1 ½ TL Backpulver

1 Knoblauchzehe, mit 1 TL Salz durchgepresst

2 Frühlingszwiebeln, fein zerkleinert

1 frisches Ei, leicht verquirlt

etwa 5 EL Milch

2 EL Butter

FÜR DIE PANADE

je 25 g Mehl und Stärkemehl

50 g Maismehl

je ½ TL getrockneter Oregano und Thymian

je 1 TL Salz, Cayennepfeffer und Paprikapulver

2 TL Senfkornpulver

1 frisches Ei

120 ml Milch

FÜR DIE FISCHFILETS

Speiseöl zum Frittieren

4 Schollenfilets, gehäutet

Zitronenscheiben und Blattpetersilie zum Garnieren

Remouladensauce als Beilage

FÜR 4 PERSONEN

1 Für den Krapfenteig Maismehl, Mehl und Backpulver vermengen und den Knoblauch und die Frühlingszwiebel untermischen. Das Ei mit einer Gabel unterrühren.

2 Die Milch zusammen mit der Butter langsam erhitzen, bis die Butter zerläuft. Dann die Hitzezufuhr erhöhen und, wenn die Mischung kocht, alles zum Backteig geben und kräftig unterrühren. Falls nötig, etwas mehr Milch zugeben, damit ein fester Teig entsteht. Abkühlen lassen.

3 Für die Panade das Mehl, das Stärkemehl und das Maismehl mit den Kräutern und den Gewürzen in einem Gefäß vermischen. In einem anderen Gefäß Ei und Milch miteinander verschlagen.

4 Etwa walnussgroße Stücke des Backteigs in den feuchten Händen zu kleinen Kugeln rollen. Das Öl zum Frittieren erhitzen. Dann immer mehrere Maismehlkrapfen gleichzeitig frittieren, bis sie goldbraun sind. Sie gehen dabei auf und es ist sehr wichtig, dass sie ganz durchgebacken sind. Das Öl darf nicht zu heiß werden. Wenn man die Krapfen ins Öl gibt, sollte es zischen und leicht aufschäumen, die Krapfen dürfen jedoch nicht sofort braun werden. Auf Küchenkrepp abtropfen lassen und warm halten.

5 Die Filets kurz in der Eimischung, dann in der Mehlmischung wenden. Immer zwei gleichzeitig im Öl braten, 2–3 Minuten pro Seite, bis sie knusprig und goldbraun sind. Auf Küchenkrepp abtropfen lassen. Die Filets zusammen mit den Maismehlkrapfen und der Remouladensauce servieren, mit Zitronenscheiben und Petersilie garniert.

FISCH PIKANT

Dieser für die Cajuns typische *blackened fish* ist eine Spezialität von Paul Prudhommes, einem Küchenchef aus New Orleans. Die Fischfilets werden mit einer aromatischen Mischung feiner Kräuter und Gewürze überzogen und in Butter gebraten.

Zutaten

1 TL getrockneter Thymian
1 TL getrockneter Oregano
1 TL gemahlener schwarzer Pfeffer
¼ TL Cayennepfeffer
2 TL Paprikapulver
½ TL Knoblauchsalz
4 Kabeljau- oder Rotbrassenfilets, je etwa 175 g
6 EL Butter
½ rote Paprika, in Streifen geschnitten
½ grüne Paprika, in Streifen geschnitten
frischer Thymian zum Garnieren
gegrillte Tomaten und Kartoffelpüree als Beilage

Für 4 Personen

1 Die Kräuter, das Knoblauchsalz und die Gewürze in eine Schale geben und vermengen. Die Filets kurz in der Mischung wenden.

2 In einer großen Pfanne 2 EL Butter zerlassen, die Paprikastreifen hinzufügen und 4–5 Minuten braten, bis sie weich sind. Die Paprika herausnehmen und warm halten.

3 Die restliche Butter in die Pfanne geben und erhitzen. Die Fischfilets zugeben und bei mittlerer Hitze auf jeder Seite 3–4 Minuten braten, bis sie braun und durchgebraten sind.

4 Die Fischfilets auf vorgewärmte Teller legen, mit den roten und grünen Paprikastreifen dekorieren und mit dem frischen Thymian garnieren. Den Fisch mit gegrillten Tomatenhälften und Kartoffelpüree servieren.

Küchentipp

Diese Kräuter-Gewürz-Mischung kann man für jede Art von Fischsteaks oder -filets verwenden. Zudem eignet sie sich gut zum Würzen von gebratenen Garnelen.

FISCHSTEAKS MIT DILL-SENF-SAUCE

Der Wels ist einer der meistverwendeten Fische der Cajun-Küche. Kabeljau ist ein gute Alternative dazu. In diesem Rezept wird der Fisch in Butter gebraten, bis er eine leicht goldene Kruste bekommt, und mit einer scharfen Senfsauce serviert.

ZUTATEN

FÜR DIE FISCHSTEAKS

30 ml Milch

4 Wels- oder Kabeljausteaks, je etwa 175 g

2 EL Mehl

2 TL Senfpulver

4 EL Butter

Salz und frisch gemahlener schwarzer Pfeffer

Zitronenschnitze und frischer Dill zum Garnieren

FÜR DIE SAUCE

2 EL Dijon-Senf

150 ml Mayonnaise

2 EL fein gehackter frischer Dill

FÜR 4 PERSONEN

1 Alle Zutaten für die Sauce in einer kleinen Schüssel vermischen und bis zur Verwendung beiseite stellen.

2 Die Milch auf einen tiefen Teller geben, die Fischsteaks hineinlegen. Auf einem zweiten Teller Mehl, Senfpulver und Gewürze vermischen.

3 Die Butter in einer Pfanne zerlassen. Den Fisch in der Milch wenden und in die Mehlmischung tauchen. Überschüssiges abschütteln.

4 Wenn die Butter heiß ist, die Fischsteaks auf beiden Seiten 2–3 Minuten braten, bis die Panade knusprig und hellbraun ist und man schon mit der Messerspitze das Fleisch von den Gräten lösen kann. Wenn nötig, die Steaks in zwei Durchgängen braten. Die Steaks des ersten Durchgangs bis zum Servieren warm stellen.

5 Die Steaks so bald wie möglich, mit Zitronenschnitzen und frischem Dill garniert, servieren. Die Sauce separat reichen.

FLUSSKREBS- ODER GARNELENÉTOUFFÉE

Das französische Verb *étouffer* bedeutet schmoren – und bei diesem Fischgericht schmoren die Zutaten in köstlichen Aromen.

Zutaten

1,2 kg rohe Flusskrebse oder Garnelen in der Schale, mit Köpfen
5 EL Pflanzenöl
40 g Mehl
175 g gehackte Zwiebeln
50 g gewürfelte grüne Paprika
50 g gehackter Sellerie
1 Knoblauchzehe, durchgepresst
120 ml trockener Weißwein
2 EL Butter oder Margarine
25 g gehackte frische Petersilie
15 g zerkleinerter Schnittlauch
etwas Salz und Chilisauce
Flusskrebse und glattblättrige Petersilie zum Garnieren
Reis als Beilage

Für 6 Personen

1 Krebse bzw. Garnelen schälen und ausnehmen. Schale und Köpfe beiseite legen. Das Fleisch in einer bedeckten Schüssel kalt stellen.

2 Die Schalen und Köpfe mit 750 ml Wasser in einen Topf geben. Aufkochen, zudecken und 15 Minuten kochen lassen. Das Ganze durchsieben und 350 ml der Brühe aufbewahren.

3 Für den Roux, das Öl in einer schweren gusseisernen Pfanne oder einem Stahlkochtopf erhitzen (kein Teflongeschirr verwenden).

4 Sobald das Öl heiß ist, nach und nach das Mehl zugeben und alles mit einem Holzspatel zu einer glatten Paste verrühren.

5 Bei geringer Hitze 25–40 Minuten unter ständigem Rühren köcheln lassen, bis der Roux die gewünschte Farbe angenommen hat. Wenn die Färbung der von Erdnussbutter ähnelt, die Pfanne vom Herd nehmen und sofort die Zwiebeln, den Paprika und den Sellerie einrühren. Durch ständiges Rühren verhindern, dass der Roux noch dunkler wird.

6 Die Pfanne zurück auf den Herd stellen. Den Knoblauch hinzugeben und alles unter ständigem Rühren 1–2 Minuten köcheln lassen. Dann die Brühe zugeben und alles mit einem Schneebesen gut verrühren. Anschließend den Weißwein einrühren.

7 Das Ganze aufkochen lassen, rühren und 3–4 Minuten köcheln lassen, bis die Sauce eingedickt ist. Die Pfanne vom Herd nehmen.

8 In einem großen Topf Butter bzw. Margarine zerlassen. Flusskrebse oder Garnelen zufügen, rühren und 2–3 Minuten kochen lassen. Petersilie und Schnittlauch unterrühren.

9 Die Sauce zufügen und gut rühren. Das Ganze mit Salz und Chilisauce abschmecken. 3–4 Minuten köcheln lassen. Auf einem Reisbett, garniert mit Flusskrebsen und Petersilie, servieren.

PEKANNUSS-FORELLE

Dies ist die Cajun-Version des klassischen französischen Rezepts „Forelle mit Mandeln". Es ergibt ein wunderbar würziges und delikates Abendessen.

ZUTATEN

FÜR DIE PEKANNUSSBUTTER

50 g geschälte Pekannusshälften, geröstet
4 EL Butter
2 TL Worcestersauce
1 TL Zitronensaft

FÜR DIE FORELLENFILETS

4 große Forellenfilets, je etwa 175 g
2 TL Paprikapulver
1 TL Cayennepfeffer
1 TL getrockneter Oregano
1 Prise getrockneter Thymian
½ TL Knoblauchsalz
1 TL Salz
etwas gemahlener schwarzer Pfeffer
1 frisches Ei
120 ml Milch
3 EL Mehl
Speiseöl zum Braten

FÜR 4 PERSONEN

1 In einem Mixer die Pekannüsse zerkleinern. Die Butter, die Worcestersauce und den Zitronensaft hinzufügen und nochmals mixen. Die Masse herauskratzen, auf eine Folie geben, das Ganze zu einer Rolle verarbeiten und kühl stellen.

2 Die Filets unter fließendem Wasser abspülen und trockentupfen. Paprikapulver, Cayennepfeffer, Oregano, Thymian und Knoblauchsalz mit Salz und schwarzem Pfeffer vermischen. Eine Prise der Mischung über jedes Filet geben.

3 Eier und Milch in einem flachen Gefäß verschlagen und 1 TL der Gewürzmischung hinzugeben. In einem weiteren Gefäß die restliche Gewürzmischung mit dem Mehl vermischen.

4 Das Öl in einer flachen Pfanne erhitzen. Die Filets in der Eiertunke und dann in der Mehl-Gewürzmischung wenden. Überschüssiges Mehl abschütteln. Anbraten und auf Küchenkrepp abtropfen lassen und warm halten. Zu den Filets ein Stück Pekanbutter geben und servieren.

AUSTERN-SPECK-SPIESSE

Serviert man diese Spieße (*Brochettes*) als Vorspeise, rechnet man 6 Austern pro Person. Serviert werden die *Brochettes* mit dem gewürzten Austernsaft, den man darüber träufelt. Für einen Hauptgang – am besten mit einem frischen Salat – sollte man 9 Austern pro Person servieren.

Zutaten

Für die Austern

36 frische Austern
18 Streifen durchwachsener Speck ohne Schwarte
120 g Mehl
1 EL Paprikapulver
1 TL Cayennepfeffer
1 TL Salz
1 TL Knoblauchsalz
2 TL getrockneter Oregano
etwas gemahlener schwarzer Pfeffer
Speiseöl zum Braten
Sellerie-Blätter und rote Chilischoten zum Garnieren

Für die Sauce

½ rote Chilischote, entkernt und sehr fein gehackt
2 Frühlingszwiebeln, sehr fein gehackt
2 EL fein gehackte frische Petersilie
Saft von ¼–½ Zitrone
Salz und frisch gemahlener schwarzer Pfeffer

Für 4–6 Personen

1 Die Austern über einer Schüssel öffnen. Dazu eine Hand mit einem Tuch umwickeln und mit dieser Hand die Austern einzeln mit der gewölbten Seite nach unten halten. Die Spitze eines Messers mit kurzer Klinge am Scharnier einstechen, drehen. Das Messer hineinschieben und den Muskel durchtrennen, die Schale geschlossen halten. Den austretenden Saft in die Schale schütteln. Fleisch herausschneiden, Schalen wegwerfen.

2 Für die Sauce Chilischote, Frühlingszwiebel und Petersilie mit dem Austernsaft vermischen und alles durch den Zitronensaft ergänzen. Würzen und in eine kleine Schüssel umgießen.

3 Die Speckstreifen in der Mitte halbieren, um jede Auster einen herumwickeln, dann auf 4–6 Spieße aufspießen. Auf einem Teller Mehl mit Paprikapulver, Cayennepfeffer, Salz, Knoblauchsalz, Oregano und schwarzem Pfeffer mischen. Die Spieße darin rollen, Überschüssiges abschütteln.

4 In eine große Pfanne etwa 2,5 cm hoch Öl einfüllen und erhitzen. Immer gleich mehrere Spieße für etwa 3–4 Minuten bei mittlerer bis großer Hitze frittieren, regelmäßig wenden, bis sie knusprig braun sind. Auf Küchenkrepp abtropfen lassen und garniert mit dem Sellerie und den Chilischoten servieren. Die Sauce dazu reichen.

AUBERGINEN MIT GARNELENFÜLLUNG

Das cremige Fruchtfleisch der Auberginen wird bei diesem raffinierten Gericht wunderbar durch die herzhafte und würzige Garnelenfüllung ergänzt.

Zutaten

2 große und feste Auberginen
2 EL Zitronensaft
3 EL Butter oder Margarine
225 g rohe Garnelen, geschält, der Darmfaden entfernt
40 g fein geschnittene Frühlingszwiebel mit einem Teil des Zwiebelgrüns
4 Tomaten, gestückelt
1 Knoblauchzehe, durchgepresst
10 g gehackte frische Petersilie
10 g gehacktes frisches Basilikum
1 Prise geriebene Muskatnuss
etwas Chilisauce
Speiseöl
50 g trockene Brotkrumen
Reis als Beilage
Salz und frisch gemahlener schwarzer Pfeffer

Für 4 Personen

1 Den Backofen auf 190 °C/Gas Stufe 5 vorheizen. Die Auberginen der Länge nach halbieren. Mit einem kleinen scharfen Messer mit etwa 1 cm Abstand von der Schale an der Innenseite jeder Auberginenhälfte entlangschneiden. Dann vorsichtig das Fruchtfleisch herausnehmen.

2 Die Auberginenschalen mit der Außenseite nach oben in kaltes Wasser legen, damit sie sich nicht verfärben.

3 Das herausgeschälte Fruchtfleisch grob zerkleinern, mit dem Zitronensaft beträufeln und zur Seite stellen.

4 In einer Pfanne 2 EL Butter bzw. Margarine zerlassen. Die Garnelen zufügen und etwa 2–3 Minuten anbraten, bis sie rosa sind. Wenden, damit sie gleichmäßig durchgebraten sind. Die Garnelen mit einem Seihlöffel herausnehmen und beiseite stellen.

5 Die Frühlingszwiebeln in die Pfanne geben und bei mittlerer Hitze unter Rühren etwa 2 Minuten braten. Tomaten, Knoblauch und Petersilie zugeben und weitere 5 Minuten braten.

6 Auberginenfleisch, Basilikum und Muskatnuss zufügen. Wenn nötig, etwas Wasser hinzugeben, damit das Gemüse nicht anhaftet. Gut vermischen. Bedecken und 8–10 Minuten köcheln lassen, dann vom Herd nehmen.

7 Jede Garnele halbieren. In die Gemüsemischung geben. Mit Salz, schwarzem Pfeffer und der Pfeffersauce abschmecken.

8 Eine flache ofenfeste Form, in der die Auberginen nebeneinander Platz haben, leicht einölen. Die Auberginenschalen aus dem Wasser nehmen, abtrocknen und in die Form legen.

9 Brotkrumen in jede Aubergine streuen. Dann eine Schicht Garnelenmischung einfüllen und weitere Brotkrumen darauf streuen.

10 Die restliche Butter auf den Auberginen verteilen. 20–25 Minuten lang backen, bis die Füllung köchelt und oben goldbraun ist. Mit Reis als Beilage servieren.

FISCH MIT PIKANTER SAUCE

Festfleischige, goldbraun gebratene Fischfilets werden bei diesem Gericht mit einer kalten, scharfen Sauce verfeinert.

ZUTATEN

FÜR DIE FISCHFILETS

1 frisches Ei
50 ml Olivenöl
etwas Zitronensaft
1/2 TL gehackter frischer Dill oder gehackte frische Petersilie
4 Wels- oder Kabeljaufilets, je etwa 175 g
50 g Mehl
2 EL Butter oder Margarine
Salz und frisch gemahlener schwarzer Pfeffer

FÜR DIE SAUCE

1 frisches Eigelb
2 EL Dijon-Senf
2 EL Weißweinessig
2 TL Paprikapulver
120 ml Oliven- oder Pflanzenöl
2 EL Sahnemeerrettich
1/2 TL durchgepresster Knoblauch
50 g gehackter Sellerie
2 EL Tomatenketschup
1/2 TL gemahlener schwarzer Pfeffer
1/2 TL Salz
gemischter Blattsalat als Beilage

FÜR 4 PERSONEN

1 Für die Sauce Eigelb, Senf, Essig und Paprikapulver in eine Schüssel geben. Nach und nach das Öl zugeben, dabei kräftig mit einem Schneebesen rühren, um alles gut zu vermischen.

2 Wenn die Mischung glatt und dickflüssig ist, alle anderen Zutaten der Sauce unterrühren. Zudecken und bis zum Servieren kühl stellen.

3 Das Ei, 1 EL Olivenöl, den Zitronensaft, die Kräuter, etwas Salz und Pfeffer in eine flache Schale geben. Kräftig verrühren, bis alles gut vermischt ist.

4 Die Fischfilets in der Ei-Kräuter-Mischung wenden, dann leicht mit Mehl umhüllen. Überschüssiges abschütteln.

5 Die Butter bzw. Margarine mit dem restlichen Olivenöl in einer großen Pfanne erhitzen. Die Filets hinzugeben und 8–10 Minuten lang braten, bis sie durch und auf beiden Seiten goldbraun sind.

6 Den Fisch auf vorgewärmten Tellern anrichten und etwas Sauce auf jedes Filet geben. Mit einem gemischten Blattsalat servieren.

MEERESFRÜCHTE-GUMBO

Ein klassischer Gumbo der Cajuns mit Muscheln, Garnelen, Krebsfleisch und zusätzlichen Stückchen von wundervoll herzhafter Wurst – ein Gericht, das in Erinnerung bleibt.

ZUTATEN

450 g frische Muscheln
450 g Garnelen
1 gekochter Krebs (etwa 1 kg)
etwas Salz
1 kleines Bund Petersilie, die Blätter gehackt und die Stiele aufbewahrt
150 ml Öl
120 g Mehl
1 grüne Paprika, entkernt und gewürfelt
1 große Zwiebel, gehackt
2 Selleriestangen, gehackt
3 Knoblauchzehen, fein gehackt
75 g geräucherte scharfe Wurst, enthäutet und in Scheiben geschnitten
6 Frühlingszwiebeln, fein gehackt
etwas Cayennepfeffer
etwas Tabascosauce
etwas Salz
gekochter Reis als Beilage
Petersilie zum Garnieren

FÜR 10–12 PERSONEN

1 Die Muscheln mehrmals in frischem Wasser gut waschen und dabei mit einer Bürste sorgfältig abbürsten, ggf. mit einem Messer „entbarten". Beschädigte oder nicht ganz geschlossene Muscheln wegwerfen.

2 250 ml Wasser in einem Topf erhitzen. Wenn das Wasser kocht, die Muscheln zufügen. Den Topf gut verschließen, 3 Minuten bei großer Hitze kochen lassen, den Topf dabei oft schwenken. Sobald sich die Muscheln geöffnet haben, mit einer Zange herausnehmen und in ein Sieb über einer Schüssel geben. Alle Muscheln wegwerfen, die sich nicht geöffnet haben.

3 Die Muschelschalen entfernen und wegwerfen. Die Flüssigkeit aus der Schüssel in den Topf geben und mit Wasser auf 2 l auffüllen.

4 Die Garnelen schälen, Schalen und Köpfe in den Topf geben. Das Krebsfleisch herausnehmen, braunes und weißes Fleisch trennen. Die Krebsschale mit 2 TL Salz in den Topf geben. Aufkochen, die Petersilienstiele zufügen und 15 Minuten köcheln lassen. Abkühlen lassen, durchsieben. Die Flüssigkeitsmenge auf 2 l erhöhen.

5 Mit dem Öl und dem Mehl einen goldfarbenen Roux zubereiten. Paprika, Zwiebel, Sellerie und Knoblauch zufügen und 3 Minuten köcheln lassen. Die Wurst zugeben.

6 Die Brühe wieder erwärmen. und den Roux und das braune Krebsfleisch hineingeben. 30 Minuten köcheln lassen, die Meeresfrüchte, Frühlingszwiebeln und Gewürze zufügen. Mit Reis als Beilage und mit Petersilie garniert servieren.

GLASIERTE ENTENBRÜSTE

Saftige Entenbrustscheiben mit Süßkartoffel – ein köstliches Gericht! Eine lange, zylindrisch geformte Knolle verwenden.

Zutaten

2 Entenbrustfilets, je etwa 175 g
1 rosafarbene Süßkartoffel, etwa 400 g
2 EL Gelee von roten Johannisbeeren
1 TL scharfe Chilisauce
1 EL Sherryessig
4 EL Butter, zerlassen
grobes Meersalz und frisch gemahlener schwarzer Pfeffer
grüner Salat als Beilage

Für 2 Personen

1 Die Haut der Entenbrustfilets mehrfach diagonal einschneiden und Salz und Pfeffer in die Haut und die Einschnitte reiben. Den Grill vorheizen. Das Gitter so platzieren, dass das Fleisch 7,5–10 cm von der Hitzequelle entfernt ist.

2 Die Süßkartoffel gründlich reinigen und in etwa 1 cm breite Scheiben schneiden. Die Enden wegwerfen.

3 Das Fleisch mit der Haut nach oben für etwa 5 Minuten grillen, dann wenden und erneut 8–10 Minuten lang grillen – je nachdem, wie durch das Fleisch sein soll.

4 Inzwischen für die Glasur das Gelee zusammen mit der Chilisauce und dem Sherryessig in einer hitzebeständigen Schale, die man in einen Topf mit heißem Wasser stellt, erhitzen. Wenn das Gelee schmilzt, alles gut verrühren.

5 Das Gitter vom Grill nehmen, das Fleisch erneut wenden, sodass die Haut oben liegt, und diese mit der Glasur bestreichen. Das Ganze 2–3 Minuten weitergrillen, bis die Glasur karamellisiert. Die gegrillten Filets auf eine Platte legen und warm stellen.

6 Die Kartoffelscheiben mit der geschmolzenen Butter einstreichen und ebenfalls auf das Grillgitter legen. Die Scheiben mit Meersalz bestreuen und etwas näher an die Hitzequelle als die Filets in den Grill schieben.

7 Die Kartoffelscheiben 4–5 Minuten auf jeder Seite grillen, bis sie weich sind. Beim Wenden die Scheiben mit weiterer Butter bestreichen und zusätzlichem Salz und Pfeffer bestreuen.

8 Die Entenbrüste in Scheiben schneiden und mit den gegrillten Kartoffelscheiben anrichten. Grünen Salat dazureichen.

GESCHMORTES KANINCHEN

Wild war schon immer ein wichtiger Bestandteil des Speiseplans der Cajuns – es war das einzige Fleisch, das die frühen Siedler zur Verfügung hatten. Die Schmortechnik verleiht dem Kaninchenfleisch ein ganz besonderes Aroma.

Zutaten

2 TL Salz
½ TL Knoblauchsalz
½ TL getrockneter Oregano
je 1 große Prise gemahlener schwarzer Pfeffer und Cayennepfeffer
1 Kaninchen, küchenfertig und in 8 Teile zerlegt
50 g Mehl
4 EL Speiseöl
1 Zwiebel, gehackt
1 Selleriestange, gehackt
1 große Knoblauchzehe, durchgepresst
1 Lorbeerblatt
350 ml Hühnerbrühe
3 Frühlingszwiebeln, zerkleinert
2 EL gehackte frische Petersilie
Zuckererbsen und knuspriges Brot als Beilagen

Für 4 Personen

1 Das Salz, das Knoblauchsalz, den Oregano, den schwarzen Pfeffer und den Cayennepfeffer vermischen. Die Kaninchenteile mit etwa der Hälfte der Mischung bestreuen und diese mit den Fingern gut andrücken.

2 Den Rest der Gewürzmischung mit dem Mehl in einen Plastikbeutel geben und schüttelnd alles gut vermischen. Das Fleisch auch in den Beutel geben und schütteln. Überschüssige Gewürz-Mehl-Mischung abschütteln und beiseite stellen.

3 Das Öl in einem Bräter erhitzen und jeweils mehrere Kaninchenteile gleichzeitig braten, bis sie rundum braun sind. Die Stücke auf einen Teller legen.

4 Wenn alle Teile fertig sind, die Zwiebel und den Sellerie im selben Gefäß etwa 5 Minuten braten, dabei oft rühren. Den Knoblauch und das Lorbeerblatt zugeben.

5 Die Brühe erhitzen. 1 EL der Gewürz-Mehl-Mischung in das Öl im Bräter geben und etwa 1 Minute rühren. Vom Herd nehmen und nach und nach einen Teil der Brühe zugeben. Wenn sich der Bratensatz löst, wieder auf den Herd stellen und die restliche Brühe zugeben, ständig rühren, bis sie wieder zu kochen beginnt.

6 Die Hitze reduzieren und das Fleisch wieder in den Bräter geben. Zugedeckt etwa 1 Stunde köcheln lassen, bis das Fleisch zart ist.

7 Abschmecken und die Frühlingszwiebeln sowie die Petersilie unterrühren. Mit den Zuckererbsen und dem Brot als Beilage servieren.

HUHN IN PIKANTER SAUCE

Pikante Sauce passt zu allen Fleisch- oder Fischgerichten, die die Küche Louisianas kennt – in manchen Restaurants wird sogar Alligatorfleisch in pikanter Sauce angeboten. Die Sauce basiert auf braunem Roux und erhält ihre Schärfe durch rote Chilischoten, deren Zahl man je nach Geschmack variieren kann.

Zutaten

4 Hähnchenschenkel oder 2 Hähnchenschenkel und 2 Hähnchenbrüste
5 EL Speiseöl
50 g Mehl
1 Zwiebel, gehackt
2 Selleriestangen, in Scheiben geschnitten
1 grüne Paprika, entkernt und gewürfelt
2 Knoblauchzehen, durchgepresst
1 Lorbeerblatt
½ TL getrockneter Thymian
½ TL getrockneter Oregano
1–2 rote Chilischoten, entkernt und fein gehackt
400 g Tomaten aus der Dose, gestückelt, inklusive Saft
300 ml Hühnerbrühe
Salz und frisch gemahlener schwarzer Pfeffer
Brunnenkresse zum Garnieren
neue Kartoffeln als Beilage

Für 4 Personen

1 Die Hähnchenschenkel bzw. Hänchenbrüste halbieren, damit 8 Teile entstehen.

2 In einer Pfanne die Hähnchenteile im Öl braten, bis sie überall gleichmäßig braun sind. Die Teile herausnehmen, auf einen Teller legen und beiseite stellen, sobald sie fertig sind.

3 Das Öl aus der Pfanne in einen Bräter durchsieben. Erhitzen und das Mehl einrühren. Dann bei schwacher Hitze ständig rühren, bis der Roux die Farbe von Erdnussbutter angenommen hat.

4 Wenn der Roux fertig ist, die Zwiebel, den Sellerie und die grüne Paprika zugeben und unter ständigem Rühren 2–3 Minuten braten.

5 Den Knoblauch, das Lorbeerblatt, den Thymian, den Oregano und die Chilischote(n) zufügen. 1 Minute rühren, dann die Tomaten mit ihrem Saft zugeben.

6 Nach und nach die Brühe hineingießen. Die Hähnchenteile zugeben, zudecken und alles 45 Minuten lang köcheln lassen, bis das Fleisch gar ist. Bei zuviel oder zu dünner Sauce für die letzten 10–15 Minuten den Deckel des Topfes abnehmen und die Hitzezufuhr erhöhen, um die Sauce einzudicken.

7 Abschmecken. Mit Brunnenkresse garniert und mit neuen Kartoffeln als Beilage servieren.

STUBENKÜKEN MIT „SCHMUTZIGEM" REIS

Die Bezeichnung für diesen Reis beruht auf einem amerikanischen Wortspiel. Da man Jazz auch als „schmutzige" Musik bezeichnet und der Reis durch seine Zutaten aufgepeppt wird, was übersetzt *jazzed up* heißt, ist der Beiname nur logisch.

ZUTATEN

FÜR DEN REIS

4 EL Speiseöl
25 g Mehl
4 EL Butter
1 große Zwiebel, gehackt
2 Selleriestangen, gehackt
1 grüne Paprika, gewürfelt
2 Knoblauchzehen, durchgepresst
200 g gehacktes Schweinefleisch
225 g Hühnerleber, in Scheiben geschnitten
etwas Salz, gemahlener schwarzer Pfeffer und Tabascosauce
300 ml Hühnerbrühe
4 Frühlingszwiebeln, zerkleinert
3 EL gehackte frische Petersilie
225 g amerikanischer Langkornreis, gekocht

FÜR DIE STUBENKÜKEN

4 Stubenküken
2 Lorbeerblätter, halbiert
2 EL Butter
1 Zitrone
Salz und frisch gemahlener schwarzer Pfeffer

FÜR 4 PERSONEN

1 In einem kleinen Topf mit 2 EL Öl und dem Mehl einen Roux zubereiten. Wenn er kastanienbraun ist, den Topf vom Herd nehmen und sofort auf eine kalte Oberfläche stellen.

2 Das restliche Öl mit der Butter in einer Pfanne erhitzen und die Zwiebel, den Sellerie und die Paprika unter ständigem Rühren 5 Minuten braten.

3 Knoblauch und Schweinehack hinzufügen und unter Rühren 5 Minuten braten. Das Hackfleisch zerteilen und rundum braun braten.

4 Die Leberstücke hinzufügen und 2–3 Minuten braten, bis sie leicht braune Ränder haben. Mit Salz, Pfeffer und Tabascosauce würzen.

5 Den Roux einrühren, nach und nach die Brühe zugeben. Wenn sich Blasen bilden, zudecken und 30 Minuten köcheln lassen, dabei ab und zu umrühren. Das Ganze unbedeckt weitere 15 Minuten köcheln lassen. Häufig rühren.

6 Den Backofen auf 200 °C/Gas Stufe 6 vorheizen. Die Frühlingszwiebeln und die Petersilie in die Fleischmischung rühren, diese wiederum mit dem gekochten Reis vermengen.

7 In jedes Stubenküken ½ Lorbeerblatt und 1 EL Reis füllen. Die Küken außen mit Butter einreiben und mit Salz und Pfeffer würzen.

8 Die Küken in einen Bräter legen, mit dem Saft der Zitrone beträufeln und 35–40 Minuten im Backofen garen. Zwischendurch zweimal mit dem Bratensaft bestreichen.

9 Den restlichen Reis in eine ofenfeste Form geben, zudecken und auf einem Rost oder Blech in niedriger Einschubhöhe für die letzten 15–20 Minuten der Backzeit in den Ofen stellen.

10 Die Stubenküken auf einem Bett aus „schmutzigem" Reis servieren. Den Bratensaft (das Fett abgegossen) darüber gießen.

HÄHNCHENBRUST CAJUN

Die Hähnchenbrüste werden bei diesem Gericht sehr schnell gebraten, sodass sie außen zwar geschwärzt und knusprig sind, innen aber weich und sehr saftig bleiben.

ZUTATEN

6 halbierte Hähnchenbrüste ohne Knochen und enthäutet
6 EL Butter oder Margarine
1 TL Knoblauchpulver
2 TL Zwiebelpulver
1 TL Cayennepfeffer
2 TL Paprikapulver
1 ½ TL Salz
½ TL weißer Pfeffer
1 TL schwarzer Pfeffer
¼ TL Kreuzkümmelpulver
1 TL getrockneter Thymian
Salat als Beilage

FÜR 6 PERSONEN

1 Jedes Bruststück in der Mitte durchschneiden, sodass zwei Stücke von etwa derselben Dicke entstehen. Mit dem Handrücken vorsichtig glatt drücken.

2 Die Butter bzw. die Margarine in einem kleinen Topf zerlassen. Das Fett darf nicht zu heiß – also braun – werden.

3 Alle weiteren Zutaten in einer Schüssel vermischen. Die Bruststücke auf beiden Seiten mit zerlassener Butter bzw. Margarine bestreichen und mit der Gewürzmischung bestreuen.

4 Eine große Pfanne mit Sandwichboden ohne Fett bei großer Hitze erhitzen, bis ein in die Pfanne gespritzter Wassertropfen hin und her zu zischen beginnt.

5 Jedes Bruststück mit einem Teelöffel zerlassener Butter beträufeln. Jeweils 2 oder 3 Stücke nebeneinander in die Pfanne geben und 2–3 Minuten braten, bis die Unterseite leicht schwärzlich wird. Wenden und die andere Seite ebenso braten. Die Stücke warm halten, bis alle Hähnchenteile fertig sind. Anschließend heiß, mit Salat als Beilage, servieren.

JAMBALAYA MIT HUHN

Das Geheimnis einer guten Jambalaya liegt darin, dass der Reis in Öl gewendet wird, bevor man die Flüssigkeit zugibt. Deshalb kleben die Körner beim Kochen nicht zusammen.

Zutaten

1 Huhn, etwa 1,2 kg schwer
1 1/2 Zwiebeln
1 Lorbeerblatt
1 Petersilienzweig
4 schwarze Pfefferkörner
2 EL Pflanzenöl
2 Knoblauchzehen, gehackt
1 grüne Paprika, entkernt und gehackt
1 Selleriestange, gehackt
225 g Langkornreis
120 g Chorizo-Würstchen, in Scheiben geschnitten
120 g gekochter Schinken, zerkleinert
400 g Tomaten aus der Dose, mit Kräutern
1/2 TL scharfes Chilipulver
1/2 TL Kreuzkümmel
1/2 TL Kreuzkümmelpulver
1 TL getrockneter Thymian
120 g gekochte, geschälte Garnelen
etwas Tabascosauce
gehackte Petersilie zum Garnieren
Salz und frisch gemahlener schwarzer Pfeffer

Für 4 Personen

1 Das Huhn in einen großen Bräter geben; 600 ml Wasser einfüllen. 1/2 Zwiebel, das Lorbeerblatt, die Petersilie und die Pfefferkörner zugeben und alles zum Kochen bringen. Zudecken und etwa 1 1/2 Stunden köcheln lassen.

2 Das fertige Huhn aus der Brühe nehmen, enthäuten und die Knochen entfernen. Das Fleisch zerkleinern. Die Brühe durchsieben, abkühlen lassen und beiseite stellen.

3 Die restliche Zwiebel hacken und das Öl in einer Pfanne erhitzen. Zwiebel, Knoblauch, Paprika und Sellerie zufügen. Etwa 5 Minuten braten, dann den Reis einrühren. Die Wurst, den Schinken und das Hühnerfleisch zugeben und weitere 2–3 Minuten braten lassen. Häufig rühren.

4 Die Tomaten und 300 ml der Brühe zugeben, dann das Chilipulver, den Kreuzkümmel und den Thymian. Zum Kochen bringen, zudecken und 20 Minuten köcheln lassen, bis der Reis gar ist.

5 Die Garnelen und die Tabascosauce einrühren. Alles 5 Minuten köcheln lassen, abschmecken und servieren.

REISFLEISCH À LA LOUISIANA

Ein Teil des Schweinehacks wird bei der Zubereitung knusprig. Die Konsistenz dieses Eintopfgerichts ist daher außergewöhnlich vielfältig.

Zutaten

4 EL Pflanzenöl
1 kleine Aubergine, gewürfelt
225 g Schweinehack
120 g Hühnerschenkelfleisch, gestückelt
1 rote Paprika, entkernt und gestückelt
2 Selleriestangen, gehackt
1 Zwiebel, gehackt
1 Knoblauchzehe, durchgepresst
1 TL Cayennepfeffer
1 TL Paprikapulver
1 TL schwarzer Pfeffer
½ TL Salz
1 TL getrockneter Thymian
½ TL getrockneter Oregano
475 ml Hühnerbrühe
225 g Hühnerleber, gestückelt
150 g Langkornreis
1 Lorbeerblatt
3 EL gehackte frische Petersilie
Lorbeerblätter zum Garnieren

Für 4 Personen

1 Das Öl in einer Bratpfanne sehr heiß erhitzen, dann die Aubergine zugeben und unter ständigem Rühren etwa 5 Minuten braten.

2 Das Schweinehack zufügen, 6–8 Minuten braten, bis es gebräunt ist. Das Hühnerfleisch zufügen, alles gut durchmischen, zudecken und 10 Minuten köcheln lassen.

3 Paprika, Sellerie, Zwiebel, Knoblauch, Gewürze und Kräuter zufügen. Zudecken und bei großer Hitze 5–6 Minuten braten, dabei gut rühren.

4 Die Brühe einrühren, zudecken und 6 Minuten kochen. Die Leberstücke zufügen und 2 Minuten kochen. Reis und Lorbeerblatt zugeben.

5 Zudecken und 6 Minuten köcheln lassen. Den Herd abschalten und alles 15 Minuten ziehen lassen. Lorbeerblatt entfernen, Petersilie einrühren und mit Lorbeerblättern garniert heiß servieren.

SCHWEINEKOTELETTS MIT ZITRONEN-KNOBLAUCH-SAUCE

Dieses Rezept stammt von der McIlhenny-Familie, den Herstellern der Tabascosauce. Sie mögen ihr Essen scharf, vorsichtige Köche sollten zunächst weniger Tabasco nehmen und evtl. erst zum Schluss noch etwas hinzufügen.

Zutaten

4 Schweinekoteletts, je etwa 175 g
115 g Butter
½ Zitrone
1 EL Worcestersauce
1 ½ TL Tabascosauce
1 Knoblauchzehe, fein zerkleinert
Salz und frisch gemahlener schwarzer Pfeffer
gegrillte Paprika und Tomaten als Beilage

Für 4 Personen

1 Den Grill vorheizen. Die Koteletts in der Grillpfanne anrichten, aber noch nicht unter den Grill stellen.

2 Die Butter in einer kleinen Pfanne zerlassen. Den Zitronensaft hineinpressen und alles aufkochen lassen.

3 Saucen und Knoblauch zugeben. Ohne dass der Knoblauch braun wird, 5 Minuten bei geringer Hitze köcheln lassen. Abschmecken.

4 Die Oberseite der Koteletts großzügig mit der Sauce bestreichen und sie etwa 5 Minuten in den Grill stellen, bis die Koteletts braun zu werden beginnen.

5 Die Koteletts wenden und mit mehr Sauce bestreichen. Abhängig von der Dicke der Koteletts erneut etwa 5 Minuten grillen. Zum Servieren kann man noch etwas von der Sauce über die Koteletts träufeln. Mit gegrillten Paprika und Tomaten als Beilage servieren.

SCHWEINEROLLBRATEN NACH CAJUN-ART

Die Kombination von Zwiebeln, Sellerie und Paprika verleiht diesem Braten die für die Cajun-Küche typischen Geschmacksnuancen.

ZUTATEN

1,5 kg Schweinekamm ohne Knochen
1 EL Salz
je 1 TL gemahlener schwarzer Pfeffer, Cayennepfeffer, Paprikapulver und getrockneter Oregano
2 EL Speiseöl oder Schweineschmalz
1 kleine Zwiebel, fein gehackt
1 Selleriestange, fein gehackt
1/2 grüne Paprika, entkernt und fein gehackt
1 Knoblauchzehe, durchgepresst

FÜR 6 PERSONEN

1 Wenn das Fleisch bereits zusammengebunden ist, das Küchengarn wieder öffnen. Die Schwarte mit eng beieinander liegenden Schnitten einschneiden, damit sich später eine gute Kruste bildet. 2 TL des Salzes in die Schwarte einreiben – möglichst bereits am Vorabend. War das Fleisch über Nacht kalt gestellt, vor dem Zubereiten mindestens 2 Stunden lang bei Zimmertemperatur stehen lassen.

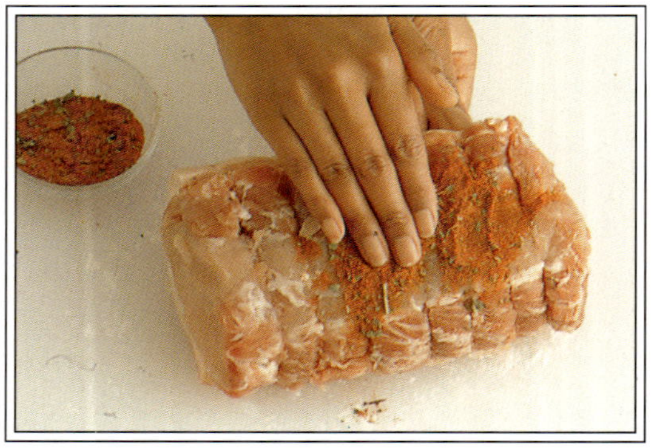

2 Den Ofen auf 220 °C/Gas Stufe 7 vorheizen. Schwarzen Pfeffer, Cayennepfeffer, Paprika und Oregano mit dem restlichen Salz mischen und das Fleisch auf der Fleischseite damit einreiben.

3 Das Öl oder das Fett erhitzen und behutsam die Zwiebel, den Sellerie und die Paprika etwa 5 Minuten lang anbraten, dabei nach etwa 4 Minuten den Knoblauch zufügen.

4 Die Gemüsemischung gleichmäßig auf der Innenseite des Fleisches bis knapp zum Rand verteilen.

5 Das Schweinefleisch vorsichtig mit der Schwarte nach außen einrollen und mit Küchengarn zum Rollbraten binden.

6 Den Rollbraten auf den Rost des Backofens legen und mit der Fettpfanne darunter in den Ofen schieben. Nach 30 Minuten die Temperatur auf 180 °C/Gas Stufe 4 reduzieren. Den Braten erstmals nach 15 Minuten und dann alle 20 Minuten mit dem Bratensaft bestreichen.

7 Die Zubereitungszeit beträgt etwa 2 Stunden. Sollte die Kruste gegen Ende dieser Zeit noch nicht knusprig sein, die Temperatur für die letzten 20–30 Minuten etwas erhöhen.

8 Bevor man es aufschneidet, das Fleisch 10–15 Minuten ruhen lassen, damit der Saft gut einziehen kann.

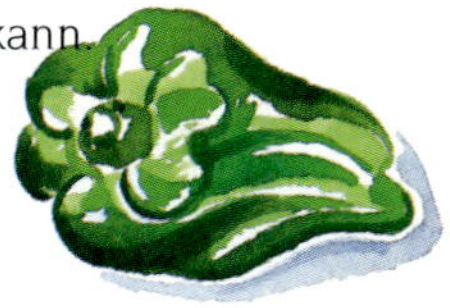

MAQUE CHOUX

Ein Klassiker der Cajun-Küche, der gut zu Schinken und Huhn passt. Manche Köche geben noch etwas Zucker zu, doch meistens reicht die natürliche Süße des Gemüsemais aus.

ZUTATEN

4 EL Butter
1 große Zwiebel, fein gehackt
1 grüne Paprika, entkernt und gewürfelt
2 große Tomaten, gehäutet und gestückelt
450 g TK-Gemüsemais, aufgetaut
120 ml Milch
Salz und frisch gemahlener schwarzer Pfeffer und Cayennepfeffer

FÜR 4–6 PERSONEN

1 Die Hälfte der Butter in einem großen Topf zerlassen und die Zwiebel darin unter ständigem Rühren bei schwacher Hitze glasig braten, bis sie leicht goldfarben wird. Die Paprika zufügen und 1 weitere Minute unter Rühren braten. Die Tomaten zugeben und alles weiterköcheln lassen.

2 Die Maiskörner zusammen mit der Milch in einen Mixer geben. Den Mixer mehrfach, aber immer nur kurz einschalten, um die Körner aufzubrechen und der Mischung eine breiähnliche Konsistenz zu geben.

3 Die Maismischung in den Topf geben und alles zeitweise zugedeckt bei geringer Hitze 20 Minuten lang köcheln lassen. Regelmäßig rühren, dabei darauf achten, dass nichts am Topfboden anhaftet. Wird die Masse zu trocken, Milch zugeben. Ist die Masse gegen Ende der Kochzeit noch zu feucht, den Deckel abnehmen, die Wärmezufuhr leicht erhöhen und die letzten 5 Minuten konstant rühren, um sie einzudicken.

4 Den Rest der Butter einrühren und großzügig mit Salz, schwarzem Pfeffer und Cayennepfeffer würzen. Heiß servieren.

GEBACKENE SÜSSKARTOFFELN

Süßkartoffeln können gut mit allen von den Cajun-Köchen favorisierten Gewürzen verfeinert werden: viel Salz, weißer und schwarzer Pfeffer sowie Cayennepfeffer – und viel Butter. Pro Person sollte man eine halbe Kartoffel als Beilage zu Fleisch, Würstchen oder Fisch einplanen, bzw. eine ganze Kartoffel als Abendessen, dann vielleicht mit knusprigem Schinkenspeck belegt.

ZUTATEN

3 Süßkartoffeln, je etwa 450 g
6 EL Butter, in Flocken
Salz, schwarzer und weißer Pfeffer und Cayennepfeffer
Blattpetersilie zum Garnieren

FÜR 3–6 PERSONEN

1 Die Kartoffeln waschen, nicht abtrocknen und mehrfach einstechen. Salz in die Schale reiben. Auf mittlerer Einschubhöhe in den Ofen legen und bei 200 °C/Gas Stufe 6 etwa 1 Stunde backen, bis die Kartoffeln gar sind.

2 Die Kartoffeln können halbiert oder ganz serviert werden. Im ersten Fall die Kartoffeln der Länge nach teilen und auf beiden Schnittflächen mehrfach diagonal einschneiden. Die Butterflocken darauf verteilen und mit den Gewürzen grob in die Schnitte einarbeiten.

3 Wenn die Kartoffeln ganz serviert werden sollen, der Länge nach einschneiden. Dann die Kartoffeln etwas aufklappen und die Butterflocken hineindrücken. Mit Salz, schwarzem und weißem Pfeffer und Cayennepfeffer würzen. Mit Petersilie garniert servieren.

GEBACKENE KARTOFFELN MIT PAPRIKA UND SCHALOTTEN

Dieses Gericht ist keine klassische Beilage aus der Cajun-Küche, sondern gehört vielmehr in die neue, elegantere Stilrichtung, die in den heutigen Restaurants von New Orleans gepflegt wird.

ZUTATEN

500 g fest kochende Kartoffeln
12 Schalotten
2 gelbe Paprika
Mais- oder Olivenöl
2 frische Rosmarinzweige
Salz und frisch gemahlener schwarzer Pfeffer

FÜR 4 PERSONEN

KÜCHENTIPP

Obwohl Lamm in der Cajun-Küche nicht besonders häufig verwendet wird, ist dieses Gericht sicher eine geeignete Beilage zu diesem Fleisch. Sehr gut passt es auch zu gebratenem Hühnerfleisch.

1 Den Backofen auf 200 °C/Gas Stufe 6 vorheizen. Die Kartoffeln waschen und 5 Minuten lang in kochendem Wasser blanchieren. Die Kartoffeln abtropfen lassen und, wenn sie abgekühlt sind, schälen und der Länge nach halbieren.

2 Die Schalotten schälen und grob zerteilen. Die Paprika halbieren und jede Hälfte der Länge nach in 8 Streifen schneiden. Die Samenkerne und die weiße Haut entfernen.

3 Eine runde ofenfeste Form gut mit Mais- bzw. Olivenöl einfetten (Maisöl ist authentischer, Olivenöl schmeckt besser). Die Kartoffeln und Paprika in zwei Kreisen anordnen, die Schalotten am Rand und in der Mitte platzieren.

4 Die Rosmarinzweige in etwa 5 cm lange Stückchen schneiden und zwischen die Zutaten stecken. Das Gericht großzügig mit Mais- bzw. Olivenöl beträufeln, salzen und pfeffern und unbedeckt im Ofen 30–40 Minuten lang backen, bis das Gericht gar ist.

LÖFFELBROT

Dieses geschmackvolle Maisbrot ist so locker, dass es mit einem Löffel serviert werden muss. Zum Servieren sollte man genügend Butter bereitstellen.

ZUTATEN

600 ml Milch

130 g gelbes Maismehl

6 EL Butter oder Margarine

1 TL Salz

1 1/2 TL Backpulver

3 frische Eier, getrennt

Butter zum Servieren

FÜR 4 PERSONEN

1 Den Backofen auf 190 °C/Gas Stufe 5 vorheizen. Die Milch in einem Topf erhitzen. Kurz bevor sie aufkocht, das Maismehl mit einem Schneebesen einschlagen. Bei schwacher Hitze unter Rühren etwa 10 Minuten köcheln lassen.

2 Den Topf vom Herd nehmen, dann die Butter bzw. Margarine, das Salz und das Backpulver mit dem Schneebesen unterschlagen, bis die Masse ganz glatt und sich Butter bzw. Margarine aufgelöst haben.

3 Nacheinander die Eigelbe zugeben und alles mit dem Schneebesen schlagen, bis der Löffelbrotteig glatt und cremig ist.

4 In einer großen Schüssel die Eiweiße steif schlagen. Den Eischnee unter den Brotteig heben.

5 Den Maismehlteig in eine gut eingefettete Back- oder Auflaufform (1,5 l) umfüllen. Darin das Brot 30–40 Minuten lang backen, bis es aufgegangen und braun ist. Mit einem Löffel servieren. Zusätzlich Butter reichen.

FRITTIERTE AUBERGINE

Diese knusprigen Auberginenscheiben passen hervorragend zu gegrilltem Fleisch, Geflügel oder Fisch. Bei einem vegetarischen Essen können sie auch anstelle des Fleisches serviert werden.

ZUTATEN

1 große Aubergine
etwas Salz
1 frisches Ei
120 ml Milch
½ TL Paprikapulver
½ TL Cayennepfeffer
½ TL gemahlener schwarzer Pfeffer
½ TL Knoblauchsalz
120 g feines Maismehl
Speiseöl zum Frittieren

FÜR 3–4 PERSONEN

1 Die Aubergine in etwa 1 cm dicke Scheiben schneiden, mit etwas Salz bestreuen und in ein Sieb geben. Das Sieb etwa 30 Minuten lang stehen lassen, dann die Scheiben mit Küchenkrepp trockenreiben.

2 Das Ei in einer Schüssel mit Milch, Gewürzen, Pfeffer und Knoblauchsalz verschlagen. Das Maismehl auf einem Teller verteilen. Das Öl zum Frittieren erhitzen.

3 Jede Auberginenscheibe in der Eimischung wenden, Überschüssige Flüssigkeit abtropfen lassen. Die Scheiben dann im Maismehl wenden und sofort in das Öl legen.

4 Je 3–4 Scheiben zugleich frittieren, einmal wenden, damit beide Seiten goldfarben werden. Auf Küchenkrepp abtropfen lassen; warm halten, bis alle Scheiben fertig sind. Heiß servieren.

AUGEN-BOHNENSALAT

Dieser herzhafte, einfach zuzubereitende Salat wird warm serviert, damit die Aromen ganz zur Entfaltung kommen.

ZUTATEN

2 kleine rote Paprika
½ TL Dijon-Senf
2 EL Weinessig
¼ TL Salz
1 Prise gemahlener schwarzer Pfeffer
6 EL Olivenöl
2 EL zerkleinerter frischer Schnittlauch
425 g Augenbohnen aus der Dose
1 Lorbeerblatt
8 magere Schinkenspeckstreifen
Blattpetersilie zum Garnieren

FÜR 4 PERSONEN

1 Den Grill vorheizen. Die Paprikaschoten grillen, bis die Haut dunkel wird und Blasen entstehen. Wenden, sodass alle Seiten gleich gegrillt sind. Die Paprika dann in einen Papierbeutel einwickeln und 10 Minuten darin lassen.

2 Die Paprika häuten, halbieren, entkernen, weiße Rippen sowie Stielansatz entfernen und die Paprika in Streifen (1 x 5 cm) schneiden. Beiseite stellen.

3 Für das Dressing Senf und Essig in einer kleinen Schüssel mischen. Salz und Pfeffer zufügen. Das Öl unterschlagen, bis alles gut vermischt ist. Den frischen Schnittlauch zugeben.

4 Die Bohnen abtropfen lassen, abspülen und mit dem Lorbeerblatt für etwa 5 Minuten erhitzen, sodass sie gerade durchgewärmt sind.

5 Inzwischen die Schinkenspeckstreifen braten, bis sie knusprig sind. Auf Küchenkrepp abtropfen lassen und in kleine Stücke schneiden.

6 Die Bohnen abtropfen lassen, das Lorbeerblatt wegwerfen. Die warmen Bohnen mit dem Dressing anmachen.

7 Die Bohnen auf 4 Tellern anrichten. Den Speck darauf verteilen und das Ganze mit rotem Paprika und Petersilie garniert servieren.

KÜCHENTIPP
Man kann den Paprika auch zerkleinern und im 6. Schritt unter die Bohnen mischen.

„POOR-BOY"-STEAKSALAT

Der Name dieses Gerichts entstand in der italienisch-kreolischen Gemeinde von New Orleans, wo die Armen sich früher von mit Speiseresten belegten Sandwiches ernähren mussten. Die Zeiten haben sich seit damals geändert und heute ist dieses Sandwich meist mit zartem Beefsteak oder anderen Köstlichkeiten belegt. Dies hier ist die Salatversion des „Poor Boy".

ZUTATEN

4 Filet- oder Rumpsteaks, je etwa 175 g
1 Kopf Winterendivie
1 Bund Brunnenkresse
4 Tomaten, geviertelt
4 große Essiggurken, in Scheiben geschnitten
4 Frühlingszwiebeln, in Scheiben geschnitten
4 Artischockenherzen aus der Dose, halbiert
175 g Champions, in Scheiben geschnitten
12 grüne Oliven
120 ml French Dressing
Salz und frisch gemahlener schwarzer Pfeffer

FÜR 4 PERSONEN

1 Die Steaks mit schwarzem Pfeffer würzen. Dann 6–8 Minuten bei mittlerer Hitze grillen, dabei einmal wenden. Die Steaks sollen durchgehend rosa (medium) sein. Die Steaks zudecken und warm stellen, bis sie gebraucht werden.

2 Den Salat waschen und in der Salatschleuder trocknen. Mit den restlichen Zutaten vermengen und mit der Salatsauce anmachen.

3 Den Salat auf vier Tellern anrichten. Die Steaks in Scheiben schneiden und auf den Salat legen. Salzen und servieren.

PEKANNUSSKUCHEN

Dieser Kuchen ist in allen amerikanischen Südstaaten beliebt, in denen Pekannussbäume verbreitet sind. Er wird warm mit Eis oder Schlagsahne serviert.

ZUTATEN

FÜR DEN TEIG

200 g Mehl
1 Prise Salz
120 g Butter
Eiswasser
getrocknete Hülsenfrüchte oder Reis zum Blindbacken

FÜR DIE FÜLLUNG

3 frische Eier
1 gute Prise Salz
5 ml Vanille-Essenz
200 g brauner Zucker
4 EL Golden Syrup (heller Zuckerrohrsirup) oder leichter Maissirup
4 EL Butter, zerlassen
120 g gehackte Pekannüsse und 12 Pekannusshälften
Schlagsahne oder Vanilleeiscreme als Beilage

FÜR 6 PERSONEN

1 Für den Teig das Mehl mit dem Salz mischen, dann die Butter mit den Fingerspitzen einkneten, bis eine grobkörnige, sandige Masse entsteht. Immer wieder etwas Eiswasser zugeben und dieses zuerst mit einer Gabel verarbeiten, dann von Hand, bis aus der Masse ein Teig wird.

2 Den Teig in Klarsichtfolie einwickeln und 30–40 Minuten kalt stellen. Den Ofen auf 190 °C/Gas Stufe 5 vorheizen.

3 Eine Springform (20–23 cm Ø) einfetten. Den Teig kreisrund ausrollen, in die Form geben und von Hand einpassen.

KÜCHENTIPP

Der Maissirup, den amerikanische Köche für die Kuchenfüllung verwenden, ist außerhalb der USA kaum zu bekommen. Nur selten findet man ihn in Feinkostgeschäften. Wesentlich leichter ist Golden Syrup (heller Zuckerrohrsirup) zu erhalten.

4 Mit der Teigrolle über den Rand der Form rollen, um überschüssigen Teig abzutrennen und einen schönen Teigrand zu formen.

5 Den Teigboden mehrfach einstechen, mit Backpapier sowie den Hülsenfrüchten bzw. dem Reis belegen und im Ofen 15 Minuten blind backen. Das Papier und die Hülsenfrüchte bzw. den Reis entfernen und weitere 5 Minuten backen. Die Form aus dem Ofen nehmen und die Temperatur auf 180 °C/Gas Stufe 4 reduzieren.

6 Inzwischen für die Füllung die Eier kurz mit dem Salz und der Vanille-Essenz verschlagen, dann den Zucker, den Sirup und die zerlassene Butter darunter schlagen. Zum Schluss die gehackten Nüsse darunter mischen.

7 Die Masse auf dem Kuchenboden verteilen und 15 Minuten backen. Den Kuchen aus dem Ofen nehmen und die Pekannusshälften nahe am Rand kreisförmig auf den Kuchen legen.

8 Den Kuchen wieder in den Ofen stellen und weitere 20–25 Minuten backen, bis ein Metall- oder ein Holzstäbchen, mit dem man vorsichtig in den Kuchen sticht, ohne anhaftende Kuchenreste wieder herausgezogen werden kann.

9 Den Kuchen 10–15 Minuten abkühlen lassen und warm mit Schlagsahne bzw. Vanilleeiscreme servieren. Reste kann man kalt servieren.

PRALINEN

Mit der feinen Konditorarbeit, die Europäer meist unter Pralinen verstehen, hat dieses Gebäck aus der Cajun-Küche nur wenig gemein. In Louisiana werden diese Pralinen als Dessert oder auch einfach nur als süße Leckerei zum Kaffee gegessen.

ZUTATEN

225 g Pekannusshälften
450 g brauner Zucker
200 g Zucker
300 ml Crème double
175 ml Milch
1 TL Vanille-Essenz

ERGIBT ETWA 30 STÜCK

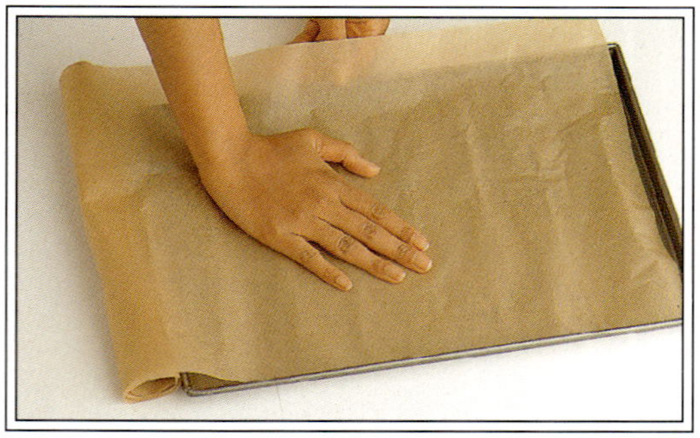

1 Etwa die Hälfte der Pekannüsse grob hacken und alle Nüsse zur Seite stellen. 2–3 Backbleche mit Backpapier auslegen.

2 Die beiden Zuckersorten, die Crème double und die Milch in einem Topf bei mittlerer Hitze vermengen. Ständig rühren, bis die Mischung auf einem Zuckerthermometer eine Temperatur von 119 °C erreicht hat.

3 Sofort vom Herd nehmen und mit den Rührbesen des Elektroquirls schlagen, bis die Masse ihren Glanz verliert und cremig und körnig wird. Dazu benötigt man etwa 5 Minuten. Mit einem Schneebesen dauert dieser Arbeitsschritt etwa 15 Minuten.

4 Die Vanille und die Nüsse einrühren und mit einem Esslöffel große Teigkleckse auf die Backbleche setzen und auskühlen lassen.

BANANEN À LA FOSTER

Eines der bekanntesten und beliebtesten Desserts aus New Orleans, benannt nach Richard Foster, der in den 50er-Jahren Mitglied des zivilen *New Orleans Crime Committee* war, das gegen die Kriminalität im French Quarter der Stadt vorging.

ZUTATEN

75 g brauner Zucker
½ TL gemahlener Zimt
½ TL geriebene Muskatnuss
4 EL Butter
4 EL Bananenlikör
5 EL Rum
4 feste Bananen, geschält und der Länge nach halbiert
4 Kugeln Vanilleeis als Beilage

FÜR 4 PERSONEN

1 Zucker, Zimt und Muskatnuss in einer Schüssel vermischen. Die Butter in einer Pfanne zerlassen und die Zuckermischung hinzugeben.

2 Likör und Rum hinzufügen und auf der Kochstelle rühren, bis die Sauce sirupartig ist.

3 Die Bananen zugeben und gut erhitzen. Die Bananen mit einem Löffel wenden, damit sie ganz von der Sauce überzogen werden.

4 Zum Flambieren die Sauce mit einem Streichholz anzünden. Dabei vorsichtig vorgehen und die Pfanne am ausgestreckten Arm halten.

5 Sofort wenn die Flammen verlöschen, die Bananenstücke auf die Teller verteilen. Je eine Vanilleeiskugel hinzugeben. Die Sauce über die Bananen gießen, sofort servieren.

KÜCHENTIPP

Zur Abwechslung kann man auch Pralinen oder Walnusseiscreme als Beilage nehmen.

MISSISSIPPI-NAPFKUCHEN

Falls Sie keine Napfkuchenform besitzen sollten, können Sie auch eine normale Ringform verwenden – den Geschmack dieses wunderbaren Kuchens wird dies nicht beeinträchtigen.

ZUTATEN
225 g Mehl
1 Prise Salz
1 TL Backpulver
300 ml starker gebrühter Kaffee
50 ml Bourbon oder Brandy
150 g Schokolade
225 g Butter oder Margarine
400 g Zucker
2 frische Eier, mit Raumtemperatur
1 ½ TL Vanille-Essenz
Kakaopulver zum Bestäuben
gesüßte Schlagsahne oder Eiscreme als Beilage

FÜR 8–10 PERSONEN

1 Den Backofen auf 140 °C/Gas Stufe 1 vorheizen. Das Mehl, das Salz und das Backpulver zusammen in eine Schüssel sieben und zur Seite stellen, bis es benötigt wird.

2 Einen großen Topf mit etwas Wasser füllen und eine Stahlschüssel so hineinhängen, dass das Wasser den Schüsselboden nicht berührt. Kaffee, Bourbon bzw. Brandy, Schokolade und Fett in die Schüssel geben. Das Wasser erhitzen und die Zutaten im Wasserbad glatt rühren.

3 Die Schokoladenmischung in eine große Schüssel umfüllen. Mit einem Elektroquirl bei geringer Drehzahl allmählich den Zucker unterschlagen, bis sich der Zucker aufgelöst hat.

4 Den Elektroquirl auf mittlere Stufe stellen und die durchgesiebten Zutaten zugeben. Alles gut verrühren; dann die Eier und die Vanille unterschlagen, bis alles gut vermischt ist.

5 Die Mischung in eine gut eingefettete und leicht mit Kakaopulver bestäubte Napfkuchenform (3 l) geben. Etwa 80 Minuten im Ofen backen, bis ein hineingestochenes Metall- oder Holzstäbchen ohne anhaftende Kuchenreste wieder herausgezogen werden kann.

6 Den Kuchen aus dem Ofen nehmen und in der Form etwa 15 Minuten lang abkühlen lassen, dann auf ein Kuchengitter kippen und vollständig auskühlen lassen.

7 Den abgekühlten Kuchen mit etwas Kakaopulver bestäuben. Anschließend mit gesüßter Schlagsahne oder Eiscreme nach Wahl servieren. Besonders gut passt Vanilleeis zu diesem Kuchen.

MAISMEHL-PLÄTZCHEN

Für eine kleine morgendliche Zwischenmahlzeit oder als Teegebäck gibt es nichts besseres als diese Maismehlplätzchen. Man serviert sie am besten heiß und mit viel Butter.

ZUTATEN

150 g Mehl

2 ½ TL Backpulver

¾ TL Salz

4 EL Maismehl und mehr zum Bestreuen

5 EL Pflanzenfett oder kalte Butter

175 ml Milch

Butter oder Margarine zum Bestreichen

ERGIBT ETWA 12 STÜCK

1 Den Ofen auf 230 °C/Gas Stufe 8 vorheizen. Die trockenen Zutaten durchsieben und das Maismehl einrühren. Das Fett bzw. die Butter hineinkneten, bis die die Masse körnig wird.

2 In die Mitte der Masse eine Vertiefung drücken, die Milch hineingeben. Alles etwa 1 Minute mit einem Holzlöffel schnell verrühren, bis sich der Teig vom Schüsselrand zu lösen beginnt.

3 Den Teig auf einer leicht bemehlten Unterlage nur 8- bis 10mal leicht durchkneten und dann mit der Teigrolle etwa 1 cm dick ausrollen. Mit einem Teigausstecher (etwa 5 cm Ø) Kreise ausstechen.

4 Ein nicht eingefettetes Backblech leicht mit Maismehl bestreuen. Die Plätzchen mit rund 2,5 cm Abstand auf dem Blech verteilen. Die Plätzchen ebenfalls mit Maismehl bestreuen.

5 Die Plätzchen 10–12 Minuten backen, bis sie goldbraun sind. Heiß servieren, mit Butter bzw. Margarine zum Bestreichen.

FRENCH-QUARTER-KRAPFEN

Diese leicht gewürzten, im Fett schwimmend ausgebackenen Köstlichkeiten sind leicht herzustellen und bei jeder Gelegenheit willkommen.

ZUTATEN

225 g Mehl
1 TL Salz
1 EL Backpulver
1 TL Zimtpulver
2 frische Eier
50 g Zucker
175 ml Milch
½ TL Vanille-Essenz
Speiseöl zum Ausbacken
Puderzucker zum Bestreuen

ERGIBT ETWA 20 STÜCK

1 Für den Teig das Mehl, das Salz, das Backund das Zimtpulver in eine große Rührschüssel sieben. Alles zudecken und beiseite stellen, bis es benötigt wird.

2 In einer zweiten Schüssel die Eier, den Zucker, die Milch und die Vanille-Essenz miteinander verschlagen. Alles mit der Mehlmischung vermengen, bis ein Teig entsteht.

3 Den Teig auf einer leicht bemehlten Unterlage kneten, bis er glatt und leicht formbar wird. Den Teig dann etwa 5 mm dick rund ausrollen. Den Teig durch diagonale Schnitte in etwa 7,5 cm lange Karos zerteilen.

4 Das Öl in einer Fritteuse oder einem großen Topf auf 190 °C erhitzen. Immer mehrere Krapfen gleichzeitig im Öl ausbacken, bis sie goldbraun sind. Die fertigen Teilchen mit einem Seihlöffel herausnehmen und gut mit Küchenkrepp trockentupfen. Die Krapfen mit Puderzucker bestäuben und sofort servieren.

PEKANNUSSTORTE

Diese dreilagige Torte mit ihrem meringeähnlichen Zuckerguss schmeckt wirklich himmlisch. Sie sieht eindrucksvoll aus, ist aber verblüffend einfach zu backen.

ZUTATEN

FÜR DEN TEIG

275 g Pekannüsse
350 g Mehl
1 ½ TL Backpulver
½ TL Salz
225 g Butter, mit Raumtemperatur
400 g Zucker
5 frische Eier
250 ml Milch
1 TL Vanille-Essenz

FÜR DEN GUSS

350 g Puderzucker
3 frische Eiweiß, mit Raumtemperatur
2 Tropfen Vanille-Essenz

FÜR 6–8 PERSONEN

1 In mehreren Schüben die Pekannüsse in einer Pfanne bei großer Hitze rösten. Dabei regelmäßig die Pfanne schwenken, bis die Nüsse dunkel werden. Die Nüsse abkühlen lassen und grob zerkleinern.

2 Den Backofen auf 180 °C/Gas Stufe 4 vorheizen. Drei runde Springformen mit 23 cm Ø einölen und leicht mit Mehl bestreuen. Das Mehl, das Backpulver und das Salz in eine Rührschüssel sieben. Die Hälfte der Pekannüsse in 2 EL der Mehlmischung geben. Die restlichen Nüsse zur Seite stellen.

3 Butter und Zucker cremig rühren, bis eine helle, lockere Masse entsteht. Nacheinander die Eier hinzugeben, jeweils gut unterschlagen.

4 Die Milch mit der Vanille-Essenz vermischen. In drei Schüben abwechselnd mit der Milch die Mehlmischung in die Crememasse rühren. Dann die bemehlten Nüsse unterheben.

5 Den Teig für die Böden in die Formen verteilen und 30 Minuten lang im Ofen backen, bis die Oberfläche goldbraun ist und die Böden etwas eingeschrumpft sind. Die Böden etwa 5 Minuten in den Formen abkühlen lassen, dann auf Kuchengitter geben und auskühlen lassen.

6 Für den Guss den Puderzucker in eine große Schüssel sieben, die 3 Eiweiße zugeben und alles etwa 5–10 Minuten im heißen Wasserbad steif und glänzend schlagen.

7 Die Vanille zufügen, alles von der Kochstelle nehmen und die Masse weitere 2–3 Minuten schlagen. Jeden Boden mit etwas Guss bestreichen und jeweils einen Teil der restlichen Nüsse aufstreuen. Die Böden zur Torte zusammensetzen.

8 Das Oberteil und die Seiten der Torte auch mit Guss bestreichen und evtl. noch übrige Nüsse auf der Torte verteilen.

REGISTER